I0866262

CORPUS SCRIPTORUM DE MUSICA

JOHANNES TINCTORIS

(1455? — 1511)

THEORETICAL WORKS

Edited by

ALBERT SEAY

Volume IIa

PUBLICATIONS OF THE

AMERICAN INSTITUTE OF MUSICOLOGY

Armen Carapetyan

Director

CORPVS SCRIPTORVM DE MVSICA

22

JOHANNIS TINCTORIS
OPERA THEORETICA

Edidit

ALBERTVS SEAY

IIa

Proportionale musices

AMERICAN INSTITUTE OF MUSICOLOGY
HÄNSSLER-VERLAG
1978
68.223

Copyright © 1978 American Institute of Musicology
Hänssler-Verlag, D 7303 Neuhausen-Stuttgart
Order No. 68.223

TABLE OF CONTENTS

LIBER TERTIUS

[1]*Proportionale musices editum a magistro Joanne Tinctoris in legibus licentiato serenissimoque principis Ferdinandi regis Siciliae, Jherusalem et Ungariae capellam feliciter incipit prohemium.*

Prologus

[2]Sacratissimo ac invictissimo principi divo Ferdinando, regis regum dominique dominantium providentia regi Siciliae, Jherusalem et Ungariae, Johannes Tinctoris, inter musicae professores suosque capellanos minimus pedum osculotenus humilem atque servilem obedientiam.

[3]Quamquam, o sapientissime rex, a tempore prothomusici Jubalis, cui Moyses tantum tribuit, ut eum in Genesi patrem canentium organis et cithara dixerit, plerique viri percelebres velut David, Ptolomeus, Epaminondas, principes Judeae, Egypti et Graeciae, Zoroastres, Pythagoras, Linus, Thebeus, Zethus, Amphion, Orpheus, Museus, Socrates, Plato, Aristoteles, Aristoxenus, Timotheus, ingenuae arti musicae operam a Deo dederunt, quod teste Tullio paene vim omnem ac materiam eius infinitam cogitatione comprehenderint, quo nonnullos eorum, praecipue Pythagoram musicae primordia invenisse multi Graecorum voluerunt. [4]Tamen qualiter pronunciaverint aut composuerint scripto nobis minime constat, verum elegantissime id eos fecisse verisimilimum est. [5]Summam etenim in hac scientia, quam Plato vocat potentissimam, eruditionem ponebant, itaque eam omnes antiquitiis discebant, nec qui nesciebat satis excultus doctrina putabatur.

[6]Et quanta precor illa fuit melodia virtute cuius dii, manes, spiritus immundi, animalia etiam rationis expertia et inanimata moti fuisse leguntur. [7]Quod, tametsi partim fabulosum sit, non vacat a mysterio, nempe talia de musica poetae non finxissent nisi mirandam eius virtutem, divino quodam animi vigore percepissent.

[1] Bo 28^{v} Br^{1} 101^{r} BU 167^{r} F 8^{r} G 187^{r} V 144^{v}
Incipit in BU: Johannis Tinctoris musicae professoris Proportionale musices incipit. Et primo proemium. *In* G: Proemium. *In* V: Prologus de vocum proportionibus ad Ferdinandum regem.

[2] dominumque Bo regis *pro* regi Br^{1} Bo G Johannis G

[3] enim *pro* eum Bo chitare G procelebres G velud Bo F G Judeae *om* Bo Mupheus Bo dederint F comprehenderunt G

[6] praeter *pro* precor G manifesta *pro* inanimata G

[7] quondam *pro* quodam Br^{1} Bo BU

[8]At qui postquam plenitudo temporis advenit, quo summus ille musicus Jesus Christus, pax nostra, sub proportione dupla fecit utraque unum in eius ecclesia miri floruere musici, ut Gregorius, Ambrosius, Augustinus, Hilarius, Boethius, Martianus, Guido, Johannes de Muris, quorum alii usum in ipsa salutari ecclesia canendi statuerunt, alii ad hoc hymnos canticaque numerosa convecerunt, alii divinitatem, alii theoricam, alii practicam huius artis, iam vulgo dispersis codicibus posteris reliquerunt. [9]Denique principes Christianissimi quorum omnium, rex piissime, animi, corporis fortunaeque donis longe primus es, cultum ampliare divinum cupientes more Davidico capellas instituerunt in quibus diversos cantores per quos diversis vocibus, non adversis, Deo nostro iocunda decoraque esset laudatio, ingentibus expensis assumpserunt. [10]Et quoniam cantores principum si liberalitate, quae claros homines facit praedicti sint, honore, gloria, divitiis afficiuntur, ad hoc genus studii ferventissime multi incenduntur. [11]Quo fit ut hac tempestate facultas nostrae musices tam mirabile susceperit incrementum quod ars nova esse videatur, cuius, ut ita dicam, novae artis fons et origo apud Anglicos quorum caput Dunstaple exstitit, fuisse perhibetur, et huic contemporanei fuerunt in Gallia Dufay et Binchois, quibus immediate successerunt moderni Okeghem, Busnois, Regis et Caron, omnium quos audiverim in compositione praestantissimi. [12]Haec eis Anglici nunc, licet vulgariter iubilare, Gallici vero cantare dicantur, veniunt conferendi, illi etenim in dies novos cantus novissimae inveniunt, ac isti, quod miserrimi signum est ingenii, una semper et eadem compositione utuntur.

[13]Sed proch dolor! [14]Non solum eos immo complures alios compositores famosos quo miror dum tam subtiliter ac ingeniose tum incomprehensibili suavitate componunt, proportiones musicas aut penitus ignorare aut paucas quas noverint perperam signare cognovi. [15]Quodquidem ob defectum arithmeticae, sine qua nullus in ipsa

[8] unam Bo   Martialis Bo F   Atcialis *pro* Martianus G   Mieris V   theoriam F G

[9] longe et prior Bo   prioris *pro* primus es F   davitico Bo BU F   capellani *pro* capellas Bo

[10] qui *pro* quoniam Bo   efficiuntur Bo G   maius *pro* genus Bo   multi *om* Bo

[11] novae...praestantissimi *autem in marg cum* Nota Bo   Anglos BU   temporanei G   audiverint G

[12] Nec *pro* Haec BU F G   aliis *pro* eis Bo   et (una) *add* G   quae *pro* quod Bo   est signum F

[14] quam plures *pro* complures Bo F G   ingenioso V   cum *pro* tum Br[1]   properam *pro* perperam G

musica praeclarus evadit, contingere non dubito. [16]Ex eius namque visceribus omnis proportio elicitur.

[17]Igitur ne iuvenes hanc artem musicam liberalem ac honestam discere volentes in proportionibus ipsis ignorantia et errore huiusmodi capiantur, ad Dei laudem ex cuius munere sunt, et ad tuae maiestatis sacratissimae splendorem qui prae caeteris principibus hiis pietate afficeris, tandemque ad honorem tuae proportionatissimae capellae, cui similem in orbe non faciliter esse crediderim, hoc opusculum quod *Proportionale Musices* per quandam rei consonantiam censeo nominandum pro modulo ingenii facillime aggredior. [18]In quo si pluribus et fere omnibus famosissimis compositoribus refragari ausim, haud arrogantiae deprecor ascribatur. [19]Non enim mea plusquam aliorum scripta necessario observari iubeo, sed veritati militans quae respectu proportionum apud illos recta vel prava invenio, approbo vel reprobo. [20]Quod si traditionem hanc meam legentibus iuste videar agere, hortor mihi fidem adhibeant. [21]Si vero inique aliis potius credant, quia sicut alios refellere ita ab aliis refelli paratus sum.

[16] cuius *pro* eius G

[17] et *pro* ac F capiuntur Bo quae *pro* qui G pote *pro* pietate Bo efficeris Br[1] G crediderint Bo

[18] refragare BU arrogantia Bo

[20] additionem *pro* si traditionem Bo

[21] Quaequidem *pro* Si Br[1] (sum) Explicit prologus *add* G

[1]*INCIPIT LIBER PRIMUS*

Capitulum I — Diffinitio proportionis.

[2]Proportio est duorum terminorum ad invicem habitudo.

[3]Haec autem diffinitio generalis est cuiusque proportionis, sive arithmeticae, sive musicae, sive geometricae; verum ut specificetur proportioni musicae dicas duorum terminorum, scilicet, corporum musicalium quae sunt notae vocum significativae.

[1]*Capitulum II — Qualiter et quot modis proportiones fiant.*

[2]Fit igitur ista proportionalis habitudo vel canendo vel componendo quotiens unus notarum numerus ad alium refertur. [3]Quodquidem dupliciter contingit, vel quando notas sequentes ad praecedentes in una et eadem parte cantus immediate referimus, ut hic patet:

Capitulum I

[1] Bo 32^r Br^1 102^r BU 166^r F 8^v G 188^r V 145^v Incipit Liber Primus *om* Bo F G Capitulum I *om* Bo De diffinitione proportionis BU Proportionale musices editum a Magistro Johanne Tinctoris, in legibus licentiato serenissimi principis Fernandi regis Siciliae, Jherusalem et Ungariae capellano *add ante* Capitulum I G

[3] specificatur Bo corporalium *pro* musicalium Bo

Capitulum II

[1] Bo 32^v Br^1 102^r BU 166^r F 8^v G 188^r V 145^v *Lin om* Bo

[2] Sit *pro* Fit Bo

[3] unam et eandem partem Bo patet *om* Bo Br BU in exemplo subsequente *pro* patet G *In exemplo*: 2 *pro* $\frac{2}{1}$ Bo $\frac{3}{1}$ *pro* $\frac{3}{2}$ G

[4]Vel quando notae unius partis ad notas alterius contra quas componuntur directe referuntur, ut hic patet:

[5]Verum quom duplex velut praemissum est sit proportionandi modus, utrum proportiones alicuius proferendi cantus primo modo, id est, per relationem ad numerum praecedentem in una et eadem parte; aut secundo, id est, per relationem ad notas alterius partis secundum signa editae sint, a nullo cantore nisi divinando aut contrapunctum perspiciendo cognoscitur. [6]Quo fit ut dilatio dubietasque canendi generentur, quae tamen praecipue sunt evitandae. [7]Namque composita dum in medium afferuntur illico sine aliqua dubitatione pronuntiari debent. [8]Unde consulerem simplicem tantum assumi modum, videlicet quod secundum relationem ad alteram partem proportiones signarentur, nisi obstaret altero modo, scilicet per relationem ad numerum praecedentem in una et eadem parte multas proportiones esse cantabiles quae alias non essent.

[1]*Capitulum III — Divisio proportionum.*

[2]Proportionum vero aliae sunt aequalitatis, aliae inaequalitatis.

[3]Proportiones aequalitatis sunt quae ex aequalibus numeris conficiuntur, ut 1 ad 1, 2 ad 2, 3 ad 3, 4 ad 4, etc. [4]Et huiusmodi

[4] patet *om* Br[1] Bo F G   ut in sequenti exemplo BU   *In exemplo*:   C3 G
[5] ad *pro* per[1] G   examinando *pro* perspiciendo G
[6] oriatur *pro* generentur BU
[7] asseruntur Bo
[8] tantum alteram partem assumi...ad proportiones Bo

Capitulum III
[1] Bo 33^{v} Br[1] 102^{v} BU 169^{r} F 9^{r} G 188^{v} V 145^{v} De divisione G   *Lin om* Bo
[4] huius *pro* huiusmodi Bo V   inaequalitatis *pro* aequalitatis Bo   cum *pro* eum Br[1] G   patet *om* Bo F   (patet) inferius *add* G

proportionum aequalitatis species specialissimae sunt, nec nomina in eloquutione specifica nec signa in compositione positiva recipientes, nempe cum in aliquo cantu nullum inaequalitatis signum videmus, eum per aequales numeros compositum esse iudicamus, ut hic patet:

[5]Ex quo confunditur inexcusabilis error Okeghem, qui suum carmen bucolicum *L'autre dantan* ab omni parte numeris aequalibus compositum nedum signo proportionis, sed illo qui a quibusdam triplae, ab aliis sesquialterae per se et male attribuitur signavit, ut patet in praesenti exemplo:

[6]Eodem autem signo Dufay suum "Qui cum patre" in "Patrem" de *Sancto Anthonio* per duplam sesquiquartam proportionatum signare voluit, quo fit ut si ille bene, iste male signavit; diversae enim proportiones diversa signa requirunt. [7]Sed sicut illum hic ita istum suo loco male signasse probabo, dum vero carmen praemissum, scilicet *L'autre dantan* aut aliud similiter signatum habent imperiti dicunt repente canamus sesquialtera est. [8]O puerilis ignorantia aequalitatis

[5] Okeghem *om* G quae *pro* qui Br[1] (bucolicum) scilicet *add* G minoris *pro* numeris BU V nedem V triplo G sesquialtero G et hoc sic *pro* ut...exemplo Bo Br[1] F G ut vides in sequenti exemplo BU Okeghem's "L'autre dantan" appears in Dijon, Bibliothèque Publique, Ms. 517, ff. 20^{v}-21^{r}; a facsimile of this manuscript has been published as *Publications of Mediaeval Musical Manuscripts*, Vol. 12, Brooklyn, n.d., and a transcription given in E. Droz, Y. Rokseth and G. Thibault, *Trois chansonniers français*, Paris, p. 32. Tinctoris cites here the opening of the piece. The Dijon version curiously gives the time signature as C3 in all voices, although the basic mensuration is obviously triple as Tinctoris gives it.

[6] Dufay *om* G signore V iste bene, ille male BU The passage cited here appears as the example to Book III, Chapter VI-6.

[7] eum *pro* istum Bo

proportionem inaequalitatis asserere! [9]Nec existimo compositorem, quamvis ita secundum aliquos signaverit, ita dici voluisse, sed ut carmen suum concitae instar sesquialterae cantaretur. [10]Ad quod efficiendum virugla per medium circuli cuiusque partis traducta sufficiebat. [11]Nam proprium est ei mensurae accelerationem significare sive tempus perfectum sive imperfectum sit, ut in infinitis etiam suis compositionibus apparet, cuius in utroque forma talis est: ⦶ ¢ .

[1]*Capitulum IV — De proportionibus inaequalitatis.*

[2]Proportiones inaequalitatis sunt quae ex inaequalibus numeris constituuntur, ut 2 ad 1, 3 ad 2, 4 ad 3, etc., et huiusmodi inaequalitatis species subalternae sunt, quoniam genera effici possunt.

[3]Quinque tamen genera inaequalitiatis tantum esse inventum est, videlicet, tria simplicia, multiplex, superparticulare et superpartiens, duoque ex his composita, multiplex superparticulare et multiplex superpartiens.

[4]De quibus, ut confusio evitetur, sigillatim tractare intendimus, ea cum quibusdam suis speciebus diffiniendo ipsarumque specierum per exemplum, quo prout philosopho placet magis scimus practicam adiungendo.

[1]*Capitulum V — De genere multiplici.*

[2]Multiplex inaequalitatis genus est quo maior numerus ad minorem relatus illum multipliciter in se continet praecise, puta bis et erit dupla, ter et erit tripla, quater et erit quadrupla, quinquies et erit quintupla, sexties et erit sextupla, et sic de aliis.

[11] sive[1] *om* G sive imperfectum *om* Bo fuerit sic *pro* sit G temporibus *pro* compositoribus G ¢ *om* V

Capitulum IV

[1] Bo 35^{r} Br^{1} 103^{r} BU 169^{v} F 9^{v} G 189^{r} V 146^{v}

[2] et sic de aliis *pro* etc. G

[3] (simplicia) scilicet *add* G et que *pro* duoque BU (composita) scilicet *add* G

[4] evitetur confusio BU quo *om* Bo ut *pro* prout G adiungendo *om* Bo

Capitulum V

[1] Bo 35^{v} Br^{1} 103^{r} BU 170^{r} F 9^{v} G 189^{r} V 147^{r} multiplici genere BU

[2] (quo) scilicet *add* G vel (ter) *add* G vel (quater) *add* G vel (quinquies) *add* G sexties...sextupla *om* G

[3]*De dupla*

[4]Dupla est proportio qua maior numerus ad minorem relatus illum bis in se continet praecise, ut 2 ad 1, 4 ad 2, 6 ad 3, ut hic patet:

[5]Ex hac proportione Pythagorici diapason oriri asserunt, eo quod in inventione concordantiarum Pythagoras, si Graecis credendum sit, duobus malleis, quorum unus 6 ponderum, alter 12 erat, consonantibus concordantiam diapason effici perceperit, unde fit ut et plerique eam concordantiam duplam et hanc proportionem e contra diapason appellent. [6]Quaequidem proportio tamquam facillima prae caeteris est usitata. [7]Et quoad minimas non semper cyphris signatur, quia si duae minimae ad unam, aut quattuor ad duas, aut sex ad tres referuntur pro signo quovis colore, sed nunc communius nigro, scilicet encausto, implentur, vel huiusmodi duplares minimae in suis summitatibus per quendam tractulum oblique a parte dextra reflectuntur, et hiis lex nulla finalis imponitur; quaequidem minimae etiam ut aliae possunt impleri et iterum duplares effici, sed illis in prolatione minori istis autem in maiori frequentius utimur, ut hic:

[3] (De) proportione *add* BU G

[4] bis illum F   patet *om* Bo Br[1] F   etc. *pro* ut hic patet G   *In exemplo*: C2 *pro* C $\frac{2}{1}$ G

[5] oriri *om* G   in *om* F   (alter) vero *add* G   a *pro* et[1] Bo   ut *om* F   concordantionum F   appellant Br[1]

[7] signavimus Bo   qui *pro* quia Bo   huius *pro* huiusmodo Bo   quandam Br[1] et hiis...imponitur *om* F   minimae (etiam) *om* F   impleretur Bo   et (iterum) *om* G   vero *pro* autem G   (hic) patet *add* BU patet in exemplo sequenti *pro* hic G *In exemplo*: *Signum mensurationis et prima nota in Tenore om* F

[8]Et quamvis ita sub proportione dupla duae minimae pro una ponuntur, non tamen propter hoc ut indocti garriunt semiminimae sunt, sicut duae maximae pro una, duae longae pro una, duae breves pro una, duae semibreves pro una, sub hac proportione scribuntur aut proferuntur, nec tamen inde semimaximae, semilongae, semibreves, semisemibreves dicuntur.

[9]*De tripla*

[10]Tripla est proportio qua maior numerus ad minorem relatus illum ter in se continet praecise, ut 3 ad 1, 6 ad 2, 9 ad 3, et caetera, sicut hic patet:

[11]*De quadrupla*

[12]Quadrupla est proportio qua maior numerus ad minorem relatus illum in se quater continet praecise, ut 4 ad 1, 8 ad 2, etc., sicut hic:

[8] ponantur Bo (una[2]) et *add* G (dicuntur) etc. *add* G

[9] De tripla *om* Bo De proportione tripla BU G

[10] in se ter Bo ut hic Bo patet *om* Br[1] et sic de aliis ut hic patet *pro* et...patet BU sequitur *pro* patet F ut hic sequitur *pro* et...patet G *In exemplo*: 3 *pro* $\frac{3}{1}$ Bo *D3 lig om* Bo *T2* A *pro* G Bo

[11] De quadrupla *om* Bo De proportione quadrupla G

[12] (2) 16 ad 4, etc., de aliis G et sic de aliis *pro* etc. BU

[13]*De quintupla*

[14]Quintupla est proportio qua maior numerus ad minorem relatus illum in se quinquies continet praecise, ut 5 ad 1, 10 ad 2, sicut hic:

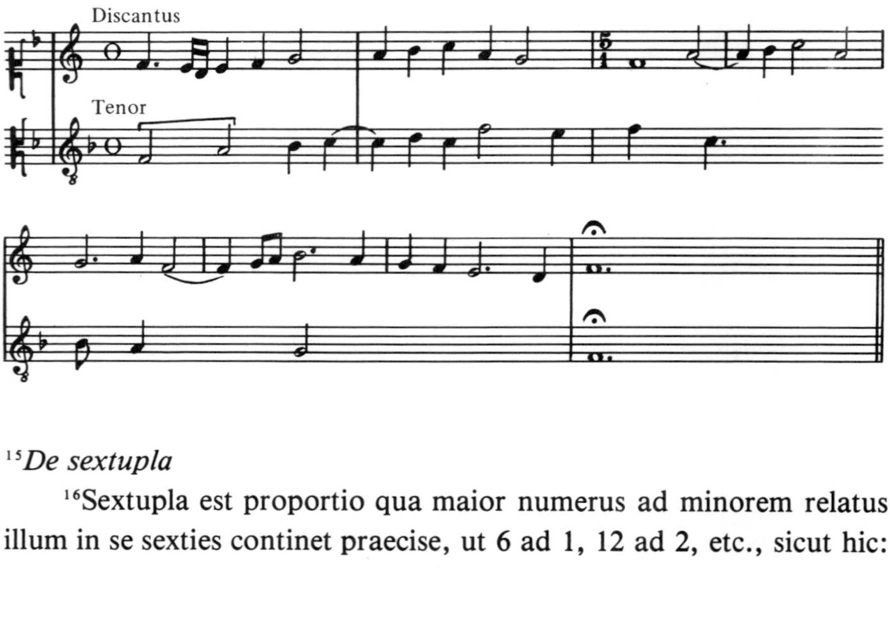

[15]*De sextupla*

[16]Sextupla est proportio qua maior numerus ad minorem relatus illum in se sexties continet praecise, ut 6 ad 1, 12 ad 2, etc., sicut hic:

[13] De proportione quintupla G

[14] ut hic Bo etc., ut hic Br[1] et sic de aliis sicut hic patet BU (2) etc., *add* F et sic de aliis *pro* sicut hic G *In exemplo*: 5 *pro* $\frac{5}{1}$ G

[15] De sextupla proportione G

[16] continet praecise sexties BU ut hic Bo et sic de aliis, sicut hoc exemplo patet *pro* etc...hic BU 18 ad 3 et sic de aliis ut patet in sequenti exemplo *pro* sicut hic G

[1]*Capitulum VI — De genere superparticulari.*

[2]Superparticulare genus est quo maior numerus ad minorem relatus illum in se totum continet, et insuper eius aliquotam partem; puta alteram et erit sesquialtera, tertiam et erit sesquitertia, quartam et erit sesquiquarta, quintam et erit sesquiquinta, et sic de aliis.

[3]*De sesquialtera*

[4]Sesquialtera est proportio qua maior numerus ad minorem relatus illum in se totum continet et insuper eius alteram partem aliquotam, ut 3 ad 2, 6 ad 4, 9 ad 6, etc., sicut hic:

Capitulum VI

[1] Bo 38r Br[1] 104r BU 171v F 10v G 190v V 148v *Lin om* Bo

[2] (continet) semel *add* G eius insuper Bo sesquialtera *pro* sesquitertia *et* sesquiquarta Bo vel tertiam G vel quartam G vel quintam G et...sesquiquinta *om* Bo

[3] De proportione sesquialtera G

[4] proportio est G (continet) semel *add* G ut *pro* sicut Bo et sic de aliis, prout ut et hic patet in sequentibus *pro* etc....his BU et sic de aliis *pro* etc....hic G *Post exemplum*: Pars aliquota est quae aliquotiens sumpta dat numerum praecise ut novarius numerus per unitatem vel per ternarium numerum dividitur *add* Bo

[5]Signatur autem interdum haec proportio sine cyphris, scilicet, per impletionem notarum, non solum minimarum sed caeterarum ex aliquo colore, tamen frequentius nigro, videlicet encausto, ut hic patet:

[6]Sed cum haec notarum impletio non tantum ut praedictum est duplam et sesquialteram, sed etiam ut patet per innumera compositorum opera perfectionem aut reductionem designet, ad cognoscendum faciliter in aliquo cantu, quod istorum quatuor si fiat significet ita distingue. [7]Aut minimae solum implentur, et tunc aut ut integrales reduci possunt, et sic qualitercumque et qualicumque sint numero constitutae reducuntur integrae. [8]Aut ita reduci non possunt et tunc aut binariae sunt et sic sive syncopatae sint sive non duplantur. [9]Aut ternariae et sic, nisi syncopata sit altera earum, sesquialterantur, ut hic patet:

[5] frequenter Bo scilicet *pro* videlicet BU videlicet *om* G patet *om* Bo Br[1] F in exemplo sequenti *pro* patet G

[6] tamen *pro* tantum G patet *om* Bo F (opera) patet *add* F imperfectionem BU

[7] ut *om* G et qualicumque *om* G sint *om* F

[9] earum *om* Bo patet *om* Br[1] F ut in sequenti probatur exemplo *pro* ut...patet BU patet in exemplo subsequenti etc. *pro* hic patet G

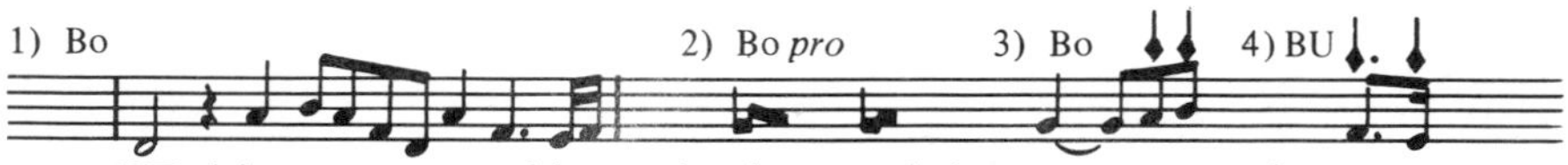

[10]Et hinc nota quod istae duplares minimae syncopari possunt non autem sesquialterales, unde si ante maiorem notam vel aequalem tres minimas videris impletas, mox adverte si alia per syncopam praecedat aut sequatur, quia tunc per duplam non per sesquialteram canuntur, ut supra circa finem discantus ultimi patet.

[11]Sed si sex minimae tantum taliter, id est, continuae impleantur, quom numerus senarius et binarius et ternarius sit, quid est dicendum? Certe quod si praecedat aut sequatur integralis minima ad quam duae illarum proportionatae sunt, omnes sub dupla canuntur, sin autem sesquialterae attribuuntur, ut hic patet:

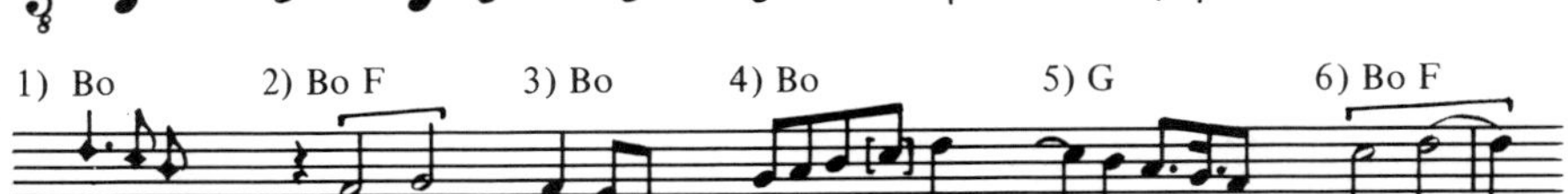

[10] (aequalem) vocem *add* Bo diverte *pro* adverte F aliam Bo

[11] totaliter *pro* taliter...est Bo et ternarius *om* G quidem *pro* quid est G dicendum est Bo

[13]Et ita de simili numero concludas.

[14]Praeterea si quinque etiam vel septem impletae componantur continuae, quamvis neque quinarius, neque septenarius numerus binarius aut ternarius sit, tamen quia ex binario et ternario, se e converso quisque eorum constituatur? [15]Si has quinque integralis minima praecedat, duae priores per duplam ei connumerabuntur, reliquae vero tres sesquialterabuntur. [16]Sed si e contra has quinque integralis minima sequatur, tres priores ad sesquialteram duae autem sequentes ad duplam pertinebunt, ac de septem cum dupla sesquialteram praecedat, quatuor primae duplares erunt et aliae tres sesquialterales, ut hic patet:

[17]Et sic de similibus numeris facias.

[18]Aut haec minimae non solum sed cum maioribus se notis tamquam eis subiectae sunt impletae, et tunc suarum maiorum naturam sive per huiusmodi impletionem imperficiantur sive reducantur sive duplentur sive sesquialterentur totaliter imitantur.

[12] duarum *pro* duae F patet *om* Bo Br[1] F in exemplo subsequenti *pro* hic patet G

[14] vel etiam F numerus *om* F autem F

[15] haec *pro* has Bo F integrales minimae Bo eius *pro* ei G

[16] integrales G sesquialtera loco *pro* sesquialteres Bo patet *om* Bo Br[1] F in exemplo subsequenti *pro* patet G *In exemplo*: ♭ *om* Bo F G

[18] totaliter imitantur *om* Bo

[19]Porro quod de numero et qualitate minimarum taliter impletarum dictum est hoc et de valore earum intelligas, videlicet ut et punctus augmentationis et pausa eis attributa, et duae si quae sint minimae nedum impletae, sed in suis summitatibus velut praemissum est reflexae diligenter annumerentur. [20]Qui duo articuli non solum in hoc opere, sed ubique per exempla patescunt. [21]Nescio tamen quis Pasquin in plerisque passibus suae *Missae authenti prothi irregularis* distincte omni arte ac melodia expertis quoad primum ab omnibus dissentit. [22]Nec mirum nam et sibi ipsi in "Cum sancto spiritu" quod valde ridiculum est contrariatur, quoniam in exordio "nobiscum" in fine autem contra nos taliter operatus sit, ut patet in sequenti exemplo:

(a)

(b)

[23]Aut semibreves, breves, longae vel maximae taliter implentur, et tunc aut, maior nota mediante, sunt syncopatae et ita solae reductionis aut aequali et nedum reductionis, sed etiam imperfectionis signum est. [24]Aut non syncopantur, et tunc aut sunt reducendae, et indistincte reducuntur aut non. [25]Et sic vel de se sunt perfectae et tunc, si salva perfectione numeri possunt sesquialterari, sesquialterantur, si vero non imperficiuntur vel de se sunt imperfectae et ita sine distinctione ascribuntur sesquialterae, ut hic:

[19] scilicet *pro* videlicet BU puncto G si *om* G

[21] Pasquin *om* G (authenti) id est primi toni *add* G distante *pro* disiuncte Bo distonite *pro* disiuncte BU V

[22] quo *pro* quoniam Bo cum *pro* quoniam F G ut...exemplo *om* Bo Br[1] BU F exemplo sequenti G *In exemplo*: Discantus Tenor etc. *om* Br[1] G This mass by Pasquin has not been identified.

[23] aut[2] *om* G mediate Bo

[25] si *om* G *In exemplo*: *In Disc* ¢ *pro* ⌽ Bo *in Ten* ⌽ *om* G *D 39 lig nigra est* F

[26]Quod autem dictum est de numero et qualitate huiusmodi notarum sic impletarum ut de minimis, praemisi de valore etiam ipsarum est intelligendum.

[26] praemissi...etiam *om* Bo

[27]Siquidem dum aliqui rudes, non modo cantores sed, quod intollerabilius est, compositores notas taliter per impletionem sesquialteratas inspiciunt, non sesquialteram sed emyoliam esse dicunt, asserentes in sesquialtera et perfectionem et alterationem notarum cadere in emyolia vero minimae. [28]In quo inter sesquialteram et emyoliam manifeste ponunt differentiam, sed ad modum falluntur. [29]Una etenim eiusdemque naturae proportio est licet diversi nominis, verum sesquialtera apud arithmeticos, emyolia autem apud musicos frequentior terminus est. [30]Quo fit ut Pythagorici dicant Pythagoram concordantiam diapente ex emyolia, quom audiverit binos malleos, quorum primus sex aut octo ponderum, alter novem aut duodecim erat, assonantes nasci percepisse. [31]Et ex eo a compluribus et ipsa concordantia diapente emyolia et ipsa proportio emyolia diapente interdum vocitatur.

[32]Nec hic praetermittendum arbitror, nonnullos veteres notas impletas pro vacuis habuisse quod quidam nuperrimi eos imitantes dicunt, quoniam saepius hoc colore fit ut praeposuimus nigras pro albis. [33]Igitur dum tales aut cantare aut componere volueris, omnia quae de impletis praedicta sunt vacuis attribue, quorum exempla ex contrario praemissorum per te tibi forma.

[34]*De sesquitertia*

[35]Sesquitertia est proportio quae maior numerus ad minorem relatus illum in se totum continet et insuper eius tertiam partem aliquotam, ut 4 ad 3, 8 ad 6, 12 ad 9, sicut hic:

[27] quod (alterationem *add* F notarum *om* G
[29] vero *pro* autem G apud *om* Bo frequentior *om* BU G V
[30] cum *pro* quom G ut *pro* aut[1] Bo erat *om* Bo F erat (nasci) *add* Bo F
[31] quam pluribus *pro* compluribus Bo ex quam pluribus *pro* a compluribus F G vocatur G
[32] est (arbitror) *add* Br[1] est *pro* arbitror G quodquidem Bo G hoc saepe G
[33] parte *pro* per te G
[34] De sesquitertia *om* Bo BU De sesquitertia proportione G
[35] continet semel *pro* totum continet G (9) etc. *add* Br F ut hic Bo et sic de aliis sicut patet in hoc sequenti exemplo *pro* sicut hic BU et sic de similibus exemplis ut hic *pro* sicut hic G

[36]Haec autem proportio frequentius a Pythagoricis epytritus nominatur, ex quo secundum eos Pythagoras per malleum octo vel duodecim ponderum ei qui sex vel novem erat consonantem, diatessaron concordantiam non simpliciter, sed secundum quid audiverit oriri hinc fit, ut plerique talem concordantiam diatessaron epytritum aut sesquitertiam et e contra proportionem hanc diatessaron vocitent.

[37]*De sesquiquarta*

[38]Sesquiquarta est proportio qua maior numerus ad minorem relatus illum in se totum continet et insuper eius quartam partem aliquotam, ut 5 ad 4, 10 ad 8, 15 ad 12, etc., sicut hic:

[39]*De sesquiquinta*

[40]Sesquiquinta est proportio qua maior numerus ad minorem relatus illum in se totum continet et insuper eius quintam partem aliquotam, ut 6 ad 5, 12 ad 10, 18 ad 15, etc., sicut hic patet in sequenti exemplo:

[36] spitrita *pro* epytritus G malleorum G vocitant G

[37] *Lin om* Bo De proportione sesquiquarta G

[38] continet semel totum G totum *om* F etc. *om* Bo ut *pro* sicut Bo et sic de aliis sicut hic probatur *pro* etc....hic BU (hic) patet *add* G et sic patet de aliis numeris ut hic *pro* etc....hic G *In exemplo*: C *pro* O *ubique* G

[39] *Lin om* Bo De proportione sesquiquinta G

[40] (continet) semel *add* G sicut hic *pro* etc....exemplo Bo patet...exemplo *om* Br[1] et sic de consimilibus, ut in sequenti probatur exemplo *pro* etc....exemplo BU patet hic *pro* in...exemplo F ut hic *pro* etc....exemplo G *In exemplo*: *sine lig ubique Bo*

[41]*De sesquioctava*

[42]Sub hoc autem genere velut intuenti perspicaciter apparet comprehenditur sesquioctava, quae est proportio qua maior numerus ad minorem relatus illum in se totum continet et insuper eius octavam partem aliquotam, ut 9 ad 8, 18 ad 16, etc., sicut hic:

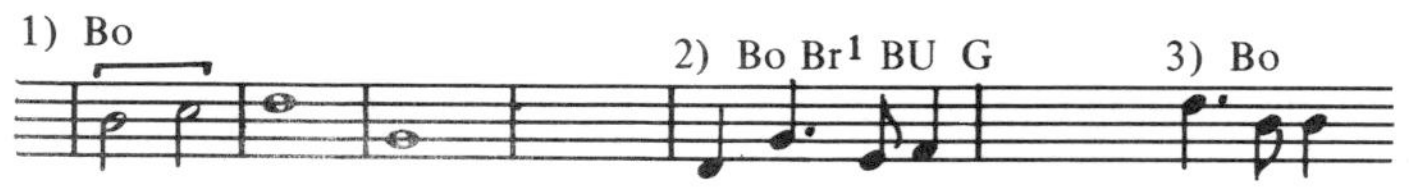

[43]Ex hac autem proportione Pythagoras dum malleos, quorum primus octo, secundus novem ponderum erat, compulsare iussit tonum causari didicit. [44]Quo fit ut haec proportio a Pythagoricis eam saepius epygdoum nominantibus, interdum tonus et e converso tonus ipse sesquioctava vel epygdous vocetur.

[1]*Capitulum VII — De genere superpartienti.*

[2]Superpartiens genus est quo maior numerus ad minorem relatus illum in se totum continet et insuper eius aliquas partes aliquotas facientes unam aliquantam, puta 2 et erit superbipartiens, 3 et erit supertripartiens, 4 et erit superquadripartiens, et sic de aliis.

[3]Huiusmodi autem species subalternae sunt, hinc genera effici possunt; quarumquidem species specialissimae specialia recipiunt nomina ex recto casu nominis propinqui generis et obliquo, scilicet accusativo plurali sui minoris numeri ordinalis composita; verbi gratia,

[41] *Lin om* Bo

[42] (continet) semel *add* G   ut hic *pro* etc.…hic Bo   ut hic Br[1]   et sic de aliis, ut hic *pro* etc.…hic BU   (hic) patet *add* F   exemplum *pro* etc.…hic G

[43] canari *pro* causari G

[44] epogdum *pro* epydoum G   epogdoum *pro* epydous G

Capitulum VII

[1] Bo 45^{v} Br[1] 107^{r} BU 176^{r} F 13^{v} G 194^{r} V 152^{r}

[2] (continet) semel *add* G

[3] Huius *pro* Huiusmodi Bo   quorumquidem Bo F   (quintas[1]) dicitur *add* F   si 7 ad 4.…quintas *om* G   8 superbipartiens *pro* 4 supertripartiens Bo   superquadripartiens *pro* supertripartiens[2] Bo   et sic de aliis *pro* etc. BU

si 5 ad 3 referuntur superbipartiens tertias dicitur, si 7 ad 5 superbipartiens quintas, si 7 ad 4 supertripartiens quartas, si 8 ad 5 supertripartiens quintas, si vero 9 ad 5 superquadripartiens quintas, etc.

[4]Hinc primo species subalternas ita diffinies: [5]Superbipartiens est proportio qua maior numerus ad minorem relatus illum in se totum continet et insuper duas eius partes aliquotas unam facientes aliquantam, ut 5 ad 3, 7 ad 5, etc.

[6]Supertripartiens est proportio qua maior numerus ad minorem relatus illum in se totum continet et insuper eius tres partes aliquotas unam facientes aliquantam, ut 7 ad 4, 8 ad 5, etc.

[7]Superquadripartiens est proportio qua maior numerus ad minorem relatus illum in se totum continet et insuper quatuor eius aliquotas partes unam facientes aliquantam, ut 9 ad 5, etc.

[8]Species autem specialissimae sic erunt diffiniendae.

[9]*De superbipartienti tertias*

[10]Superbipartiens tertias est proportio qua maior numerus qui est quinque ad minorem qui est tres refertur, ut hic probatur:

[5] proportio est G (continet) semel G et sic de aliis *pro* etc. G

[6] continet totum semel G partes aliquotas F G aliquotam *pro* aliquantem G eius quatuor F

[9] *Lin om* Bo superbipartiens F

[10] refertur qui est 3, ut patet in subsequenti exemplo G probatur *om* Bo Br F ut in sequenti probatur exemplo BU

[11]*De superbipartienti quintas*

[12]Superbipartiens quintas est proportio qua maior numerus qui est septem ad minorem qui est quinque refertur, ut patet in sequenti exemplo:

[13]*De supertripartienti quartas*

[14]Supertripartiens quartas est proportio qua maior numerus qui est septem ad minorem qui est quatuor refertur, ut hic patet:

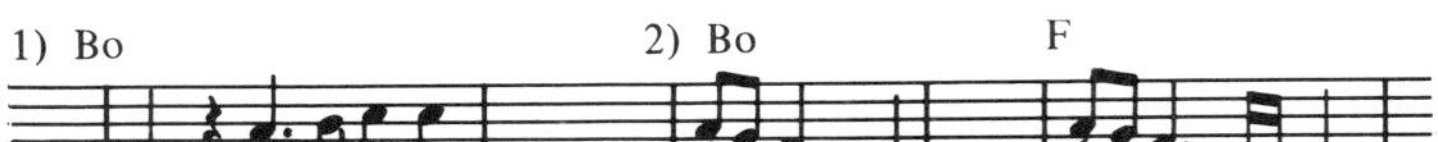

11 *Lin om* Bo

12 (7) refertur *add* G refertur *om* G hic *pro* patet...exemplo Br^1 ut hic *pro* ut...exemplo Bo F ut in sequenti patet exemplo BU hic in subsequenti exemplo *pro* in...exemplo G *In exemplo*: *in* Bo *nullae lig in D1 et D3*

13 De...quartas *om* Bo G

14 (7) refertur *add* G refertur *om* G 8 *pro* 4 Bo patet *om* Br^1 F ut in sequenti vides exemplo BU exemplum patet in subsequenti *pro* ut hic patet G *In exemplo*: *in* Bo *nulla lig in T 4/5*

[15]*De supertripartienti quintas*

[16]Supertripartiens quintas est proportio qua maior numerus qui est octo ad minorem qui est quinque refertur, ut hic patet:

[17]*De superquadripartienti quintas*

[18]Superquadripartiens quintas est proportio qua maior numerus qui est novem ad minorem qui est quinque refertur, ut hic patet:

[15] *Lin om* Bo

[16] (8) refertur *add* G refertur *om* G patet *om* Bo Br[1] BU F ut patet hic inferius G *In exemplo*: *in Ten* C *om* BU *in* Bo *nulla lig in T 6*

[17] *Lin om* Bo Quadripartiens quartas G

[18] (9) refertur *add* G refertur *om* G patet *om* Bo Br[1] F ut in sequenti vides exemplo BU exemplum patet hic inferus *pro* ut...patet G *In exemplo*: *in Ten* C *om* BU *in* Bo *nulla lig in T 4/6*

[1]*Capitulum VIII — De genere multiplici superparticulari.*

[2]Multiplex superparticulare genus est quo maior numerus ad minorem relatus illum in se multipliciter continet et insuper unam eius partem aliquotam; puta bis et alteram et erit dupla sesquialtera, bis et tertiam et erit dupla sesquitertia, bis et quartam et erit dupla sesquiquarta, bis et quintam et erit dupla sesquiquinta, et sic de aliis.

[3]*De dupla sesquialtera*

[4]Dupla sesquialtera est proportio qua maior numerus ad minorem relatus illum in se bis continet et insuper alteram eius aliquotam partem, ut 5 ad 2, 10 ad 4, 15 ad 6, sicut hic:

[5]*De dupla sesquitertia*

[6]Dupla sesquitertia est proportio qua maior numerus ad minorem relatus illum in se bis continet et insuper tertiam eius partem aliquotam, ut 7 ad 3, 14 ad 6, etc., sicut hic:

Capitulum VIII

[1] Bo 48^r Br^1 108^r BU 177^v F 14^r G 195^r B 153^v Capitulum VIII *om* Bo multiplici *om* Bo F

[2] totum continet multiplicet G singulis (aliis) *add* G

[3] *Lin om* Bo (De) proportione *add* G

[4] bis in se F eius alteram partem aliquotam G partem aliquotam F (6) etc *add* Br^1 BU F (hic) patet per exemplum verte folium *add* F et sic de caeteris aliis, unde sequitur exemplum *pro* sicut hic G

[5] *Lin om* Bo

[6] etc., sicut hic *om* Bo Br^1 et sic de aliis ut hic BU ut *pro* sicut F et sic de aliis, unde sequitur exemplum *pro* sicut hic G

1) G

[7]De dupla sesquiquarta

[8]Dupla sesquiquarta est proportio qua maior numerus ad minorem relatus illum in se bis continet et insuper quartam eius partem aliquotam, ut 9 ad 4, 18 ad 8, etc., ut patet in hoc exemplo:

[9]De dupla sesquiquinta

[10]Dupla sesquiquinta est proportio qua maior numerus ad minorem relatus illum in se bis continet et eius insuper quintam partem aliquotam, ut 11 ad 5, 22 ad 10, etc., sicut hic:

[7] *Lin om* Bo BU De *om* G

[8] (4) et *add* BU (8) ut hic Bo sicut hic *pro* ut...exemplo Br^1 (8) sicut hic patet BU ut... exemplo *om* F G

[9] *Lin om* Bo BU

[10] insuper eius Bo G insuper partem eius quintam F 11 ad 3 G 22 ad 6 G etc. *om* Br^1 etc....hic *om* BU et sic de aliis ut hic *pro* etc....hic Bo G patet *om* F *In exemplo*: $\frac{11}{3}$ *pro* $\frac{11}{5}$ G O *pro* C BU *lig om* Bo

[11]*De dupla sesquioctava*

[12]Et quoniam superius in genere superparticulari ultra quatuor proportiones quae ad caeteras eiusdem generis comprehendendas cuique optimo intellectui sufficiunt per ordinem positas de sesquioctava specialem non ab re fecimus mentionem, duplam sesquioctavam sub hoc genere contineri, quamvis id solers indagator per se possit intelligere, congruissimum est ostendere.

[13]Est igitur dupla sesquioctava proportio qua maior numerus ad minorem relatus illum in se bis continet et insuper octavam eius partem aliquotam, ut 17 ad 8, 34 ad 16, etc., sicut hic:

[11] *Lin om* Bo De *om* G

[12] de *pro* in G quid *pro* quae F (generis) species *add* G comprehendis G sufficiant G posita F ambae *pro* ab re F

[13] ergo *pro* igitir BU eius octavam G 7 *pro* 17 Bo 24 *pro* 34 Bo ut hic *pro* etc....hic Bo et sic de aliis, sicut hic patet BU ut sequitur exemplum *pro* etc....hic G

[1] *Capitulum IX — De genere multiplici superpartienti.*

[2] Multiplex superpartiens genus est quo maior numerus ad minorem relatus illum in se multipliciter continet et insuper aliquas eius partes aliquotas unam facientes aliquantam; puta bis et 2 et erit dupla superbipartiens, bis et 3 et erit dupla supertripartiens, bis et 4 et erit dupla superquadripartiens, et sic de aliis.

[3] Huiusmodi vero species instar superpartientium subalternantur et hinc genere efficiuntur. [4] Quorum quinque species specialissima nomen etiam recipit ex casu recto generis propinqui nominis et obliquo, scilicet plurali accusativo, sui minoris numeri ordinalis compositum. [5] Verbi causa, si 8 ad 3 referuntur, dupla superbipartiens tertias dicetur; si 12 ad 5, dupla superbipartiens quintas; si 11 ad 4 dupla supertripartiens quartas; si 13 ad 5, dupla supertripartiens quintas, etc.

[6] Sic igitur primo species subalternae sunt diffiniendae: [7] Dupla superbipartiens est proportio qua maior numerus ad minorem relatus illum in se bis continet et insuper eius duas partes aliquotas unam facientes aliquantam, ut 8 ad 3, 12 ad 5, etc.

[8] Dupla supertripartiens est proportio qua maior numerus ad minorem relatus illum in se bis continet et insuper eius tres partes aliquotas unam facientes aliquantam, ut 11 ad 4, 13 ad 5, etc.

[9] Dupla superquadripartiens est proportio qua maior numerus ad minorem relatus illum in se bis continet et insuper eius quatuor partes aliquotas unam facientes aliquantam, ut 14 ad 5, etc.

[10] Speciesque specialissimas ita diffinies.

[11] *De dupla superbipartienti tertias*

[12] Dupla superbipartiens tertias est proportio qua maior numerus qui est octo ad minorem qui est tres refertur, ut per insequenti exemplo:

Capitulum IX

[1] Bo 50r Br[1] 109r BU 179r F 15r G 196v V 155r *Lin om* Bo

[2] eius aliquas G aliquotam *pro* aliquantam G aut *pro* et[2] G bis et 3...supertripartiens *om* Bo superbiquadripartiens Bo

[3] genera Bo

[4] quaeque *pro* quinque Bo BU F aliqua *pro* obliquo F accusativo plurali G

[5] gratia *pro* causa Bo dicitur G si 11...quintas *om* F dupla[3] *et* dupla[4] *om* G (quintas[2]) si 14 ad 5 dupla superquadripartiens quintas *add* Bo BU F G et sic de aliis *pro* etc. G

[7] aliquotam *pro* aliquantam G etc. *om* G

[8] numerus *om* F aliquotam *pro* aliquantam G etc. *om* Br[1] et sic de aliis *pro* etc. G

[9] partes...aliquantam *om* F aliquotas...aliquantam *om* Bo G

[10] Species quoque BU

[11] *Lin om* Bo BU superbipartiens Br[1] F superbipartiente G

[12] (8) refertur *add* G refertur *om* G ut hic Bo Br[1] F ut hic patet BU ut patet hic G

13*De dupla superbipartienti quintas*

14Dupla superbipartiens quintas est proportio qua maior numerus qui est 12 ad minorem qui est 5 refertur, ut patet in praesenti exemplo:

15*De dupla supertripartienti quartas*

16Dupla supertripartiens quartas est proportio qua maior numerus qui est 11 ad minorem qui est 4 refertur, ut hic patet:

13 Lin *om* Bo BU Dupla superbipartiens quintas G

14 qui est 12 *in marg* Bo ut hic Bo Br[1] BU ut hic patet F G *In exemplo*: C *pro* O *in Dis* F

15 *Lin om* Bo BU superterpartiens F Dupla supertripartiens quartas G

16 patet *om* Bo Br[1] ut patet in sequenti exemplo BU et sequitur superius in exemplo sequenti G

[17]*De dupla supertripartienti quintas*

[18]Dupla supertripartiens quintas est proportio qua maior numerus qui est 13 ad minorem qui est 5 refertur, ut patet in sequenti exemplo:

[19]*De dupla superquadripartienti quintas*

[20]Dupla superquadripartiens quintas est proportio qua maior numerus qui est 14 ad minorem qui est 5 refertur, ut hic:

[17] *Lin om* Bo BU Dupla supertripartiens quintas G

[18] ut hic Bo Br[1] F ut hic in praesenti exemplo vides BU ut in exemplo subsequenti G *In exemplo*: C *pro* O F

[19] *Lin om* Bo BU Dupla superquadripartiens quintas G

[20] ut patet hic in exemplo subsequenti G

[1]*LIBER SECUNDUS*

Capitulum I — De proportionibus inaequalitatis quae fiunt per relationem numeri ad maiorem.

[2]Quin immo sicut per quinque praedicta inaequalitatis genera numeri maiores, ut ostensum est, ad minores referuntur ita e converso, per ea minores ad maiores referri poterunt. [3]In quo animadvertas nec nomina ipsorum generum nec suarum specierum immutari. [4]Praeterquam per modum compositionis cuilibet subpraeponetur, ut submultiplex, subsuperparticulare, subsuperpartiens, submultiplex superparticulare, submultiplex superpartiens, subdupla, subsesquialtera, subsuperbipartiens, subsuperbipartiens tertias, subdupla superbipartiens, subdupla superbipartiens tertias, et sic de aliis.

[5]Diffinitio tamen cuiuslibet taliter fiet ut quod subiectum ibi fuit hic praedicatum sit et e contra. [6]Quae rudibus magis ut innotescant praemissa quinque genera cum suis speciebus appositis, caeteras ad intelligendas me iudice sufficientibus diffinire exemplique gratia practicare faciliter proposui.

[1]*Capitulum II — De genere submultiplici.*

[2]Submultiplex genus est quo minor numerus ad maiorem relatus in illo multipliciter continetur praecise; puta bis est et erit subdupla, etc.

[3]*De subdupla*

[4]Subdupla est proportio qua minor numerus ad maiorem relatus in illo bis continetur praecise, ut 1 ad 2, etc., sicut hic:

Capitulum I

[1] Bo 52^v Br^1 BU 180^v G 15^v G 197^v V 156^r *Lin om* Bo Finit liber primus, nunc incipit liber secundus de proportionibus inaequalitatis quae fiunt per relationem minoris numeri ad maiorem. Et capitulum primum BU Explicit *pro* Finit; *reliq similis ad* BU F Explicit secundus tractatus secundus tractatus de proportionibus inaequalitatis quae fiunt per relationem minoris numeri ad maiorem G

[2] praedicta quinque G referuntur...maiores *om* F maiores ad minores Bo

[4] subparticulare *pro* superparticulare Bo subdupla sesquialtera...tertias *om* G si *pro* sic G

[5] taliter *om* G praedictum Bo e *om* F

[6] ut magis BU

Capitulum II

[1] Bo 53^r Br^1 110^r BU 180^r F 16^r G 198^r V 156^r Capitulum II *om* Bo

[2] maior numerus ad minorem Bo etc. *om* F

[3] *Lin om* Bo BU G

[4] (Sub)dupla *om* Bo (hic) patet *add* Bo etc. *om* Bo 2 ad 4, 4 ad 8, 3 ad 6, et sic de aliis ut hic *pro* etc....hic G

[1]*Capitulum III — De genere subsuperparticulari.*

[2]Subsuperparticulare genus est quo minor numerus ad maiorem relatus in illo totus et eius insuper pars aliquota continetur; puta altera et erit subsequialtera, etc.

[3]*De subsesquialtera*

[4]Subsesquialtera est proportio qua minor numerus ad maiorem relatus in illo totus et insuper eius altera pars aliquota continetur, ut 2 ad 3, 4 ad 6, etc., sicut hic:

[1]*Capitulum IV — De genere subsuperpartienti.*

[2]Subsuperpartiens genus est quo minor numerus ad maiorem relatus in illo totus et insuper aliquae partes eius aliquotae unam facientes aliquantam continentur; puta 2 et erit subsuperbipartiens, et sic de aliis.

Capitulum IV

[1] Bo 53^{v} Br^{1} 110^{r} BU 181^{r} F 16^{r} G 198^{r} V 156^{v} *Lin om* Bo

(totus) semel *add* G unum...continentur *om* Bo aliquotam *pro* aliquantam G etc. *pro* et sic G

[3]*De subsuperbipartienti*

[4]Subsuperbipartiens est proportio qua minor numerus ad maiorem relatus in illo totus et insuper duae partes eius aliquotae unam facientes aliquantam continentur, ut 3 ad 5. [5]Ex quibus subsuperbipartiens tertias constituuntur. [6]Et ita caeteras species specialissimas huiusmodi generis componas et iuxta formam sequentem prudenter diffinias.

[7]*De subsuperbipartienti tertias*

[8]Subsuperbipartiens tertias est proportio qua minor numerus qui est 3 ad maiorem qui est 5 refertur, ut hic:

[1]*Capitulum V — De genere submultiplici superparticulari.*

[2]Submultiplex superparticulare genus est quo minore numerus ad maiorem relatus in illo multipliciter et insuper eius una pars aliquota continetur; puta altera et erit subdupla sesquialtera, et sic de aliis.

[3] *Lin om* Bo (subsuperbipartienti) Capitulum V *add* F
[4] (totus) semel *add* G aliquotam *pro* aliquantam G
[6] subalternas *pro* specialissimas Bo F G
[7] *Lin om* Bo subsuperbipartiens Br[1]
[8] ut in sequenti patet exemplo BU ut patet hic G In exemplo: G *hic Tenorem ad exemplum sequentem dat*

Capitulum V
[1] Bo 54[v] Br[1] 110[v] BU 181[v] F 16[v] G 198[v] V 157[r] *Lin om* Bo Capitulum VI F De...superparticulare *om* F
[2] (multipliciter) continetur *add* BU continetur *om* BU

[3]*De subdupla sesquialtera*

[4]Subdupla sesquialtera est proportio qua minor numerus ad maiorem relatus in illo bis et eius insuper altera pars aliquota continetur, ut 2 ad 5, etc.

(a)

(b)

[3] *Lin om* Bo BU

[4] insuper eius G 3 ad 7, et sic de aliis, ut hic *pro* 2...etc. Bo sicut hic *pro* etc. BU (5) 3 ad 7, etc., sicut hic F 3 ad 7, 6 ad 14 et sic de aliis ut patet intuenti; exemplum hic inferius positum *pro* 2...etc. G There is textual confusion at this point. Three manuscripts, Br[1], BU and V, describe subdupla sesquialtera and given here the example marked (a), which, with the emendation made in bar 3 of the Discantus, fits the definition perfectly. The other three, Bo, F and G, give the first part of the definition but, upon arriving at the point where the ratios are given in numbers, change the correct proportion of 2:5 to 3:7. This proportion is not subdupla sesquialtera but is subdupla sesquitertia; their example, marked as (b), uses that proportion. Two explanations of this variance may be advanced, the first that the original from the hand of Tinctoris contained two descriptions, the first of subdupla sesquialtera, the second of suddupla sesquitertia. The source used by Br[1], BU and V omitted the second subdivision and that of Bo, F and G left out the end of the first and skipped to the end of the second. A second explanation is that the copyist of the source of Bo, F and G noted the incorrectness of the section in $\frac{2}{5}$ and, unable to adjust it satisfactorily, rewrote the example to fit the new proportion of $\frac{3}{7}$; the close correspondence of the music of the two examples tends to reinforce this hypothesis. The first hypothesis seems more plausible, for the correction I have made of the value of but one note entails little imagination and so little change to make the example correct that surely the copyist of the source for Bo, F and G would have seen it. The section omitted in all sources would probably have read:

De subdupla sesquitertia

Subdupla sesquitertia est proportio qua minor numerus ad maiorem relatus in illo bis et eius insuper tertia pars aliquota continetur, ut 3 ad 7, etc. *Exemplum* (*b*)

[1]*Capitulum VI — De genere submultiplici superpartienti.*

[2]Submultiplex superpartiens genus est quo minor numerus ad maiorem relatus in illo multipliciter et insuper aliquae partes eius aliquotae unam facientes aliquantam continentur; puta bis et 2 et erit subdupla superbipartiens, et sic de aliis.

[3]*De subdupla superbipartienti*

[4]Subdupla superbipartiens est proportio qua minor numerus ad maiorem relatus in illo bis et insuper duae partes eius aliquotae unam facientes aliquantam continentur, ut 3 ad 8. [5]Ex quibus subdupla superbipartiens tertias efficitur er sic huiusmodi generis reliquae species specialissimae componantur secundumque formam sequentem diffiniantur.

[6]*De subdupla superbipartienti tertias*

[7]Subdupla superbipartiens tertias est proportio qua minor numerus qui est 3 ad maiorem qui est 8 refertur, ut hic patet:

Capitulum VI

1 Bo 55^{r} Br^{1} 110^{v} BU 181^{v} F 16^{v} G 199^{r} V 157^{r} *Lin om* Bo Capitulum VII F De submultiplici superpartienti genere BU

2 superbipartiens *pro* superpartiens Bo aliquotam *pro* aliquantam G etc. *pro* et sic de aliis G

3 *Lin om* Bo Capitulum VII *add* BU Capitulum VIII *add* F Subdupla superbipartiens. Capitulum septimum G

4 minorem *pro* maiorem F aliquotam *pro* aliquantam G

5 subalternae *pro* specialissimae F G secundum *pro* secundumque G (diffiniantur) etc. *add* G

6 *Lin om* Bo BU Subdupla superbipartiens tertias G

7 (3) refertur *add* G refertur *om* G patet *om* Bo F G

[1]*LIBER TERTIUS*

Capitulum I — Quaedam circa proportiones generaliter consideranda.

[2]Tractato particulariter de generibus proportionum inaequalitatis cum quibusdam suis speciebus necessarium arbitror quaedam de hiis generaliter annotare, videlicet, qualiter, quando et ubi proportiones huiusmodi signandae sint.

[1]*Capitulum II — Qualiter proportiones signandae sint.*

[2]Quoad primum ut scilicet scias qualiter proportiones signare debeas, omnis proportio cyphris recte signatur. [3]Quaequidem hoc habent proprii quod numerum significent, ut 1, 2, 3, 4, 5, 6, 7, 8, 9, et haec simplices. [4]Compositae vero sunt infinitae, ut 10, 11, 12, 13, 14, 15, 16, 17, 18, 19, 20, 21, etc., 30, 31, etc., 40, 41, etc., 50, 51, etc., 60, 61, etc., 70, 71, etc., 80, 81, etc., 90, 91, etc., 100, 101, etc.

[5]Natura earum itaque cyphrarum est quodsi una alteri quantavis multiplicatione iungatur semper ipsius valor decuplatur, unde versus:

> [6]Unum prima, secunda decem, dat tertia centrum,
> Quarta dabit mille, milia quinta decem.

[7]Quiquidem ordo retrogradus est ut hic: 231471.

[8]Praeterea quotiens ante vel inter cyphras 0 semel aut pluries ponitur, non numerum sed augmentum numeri tamquam cyphra denotat, ut hic: 35700, 305070.

[9]Igitur si maior numerus ad minorem referatur, tu compositor cyphram illius superponas, istius autem supponas. [10]Si vero e contra minor ad maiorem sit relatus, cyphra illius superponatur ac istius supponatur, ut patet in praesenti exemplo:

Capitulum I

[1] Bo 56^r Br^1 111^r BU 182^r F 16^v G 199^r V 157^v *Lin om* Bo Explicit liber secundus. Incipit tertius F

[2] generalibus *pro* generibus V

Capitulum II

[1] Bo 56^r Br^1 111^r BU 182^r F 17^r G 199^r B 157^v *Lin om* Bo

[2] scilicet ut G signari Bo assignare G

[4] (21) 22...(31) 32...(41) 42...(51) 52...(61) 62...(71) 72...(91) 92...(101) 102 *add* G

[5] itaque earum BU semperque G

[7] 21471 Bo F ut hic: 231471 *om* G

[8] 3050, 70 Bo G 700, 3050 Br^1

[10] relatus sit BU ut hic *pro* ut...exemplo Bo BU hic *pro* patet...exemplo Br^1 ut hic exemplum F hic etc. *pro* in...exemplo G *In exemplo*: *D 9 om* G $\frac{2}{3}$ *om* G

[11]Ab hac tamen regula si compositor velit, dupla et sesquialtera excipiuntur. [12]Namque pro signo etiam minimae illius ac omnes notae istius, ut suis praeostensum est locis, quovis colore implentur aut in oppositum aliarum vacuae dimittuntur. [13]Item nonnulli veteres et istas et alias proportiones non cyphris immo nominibus propriis signare voluerunt, ut hic:

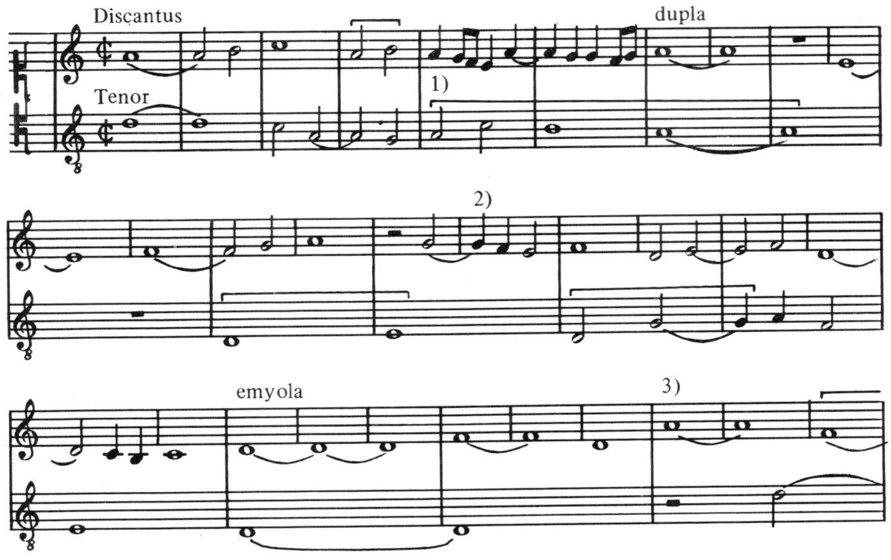

[13] (hic) patet *add* F sicut dicitur; hic factum esse in exemplo subsequenti *pro* ut hic G *In exemplo*: *lig om T 5/8* Bo

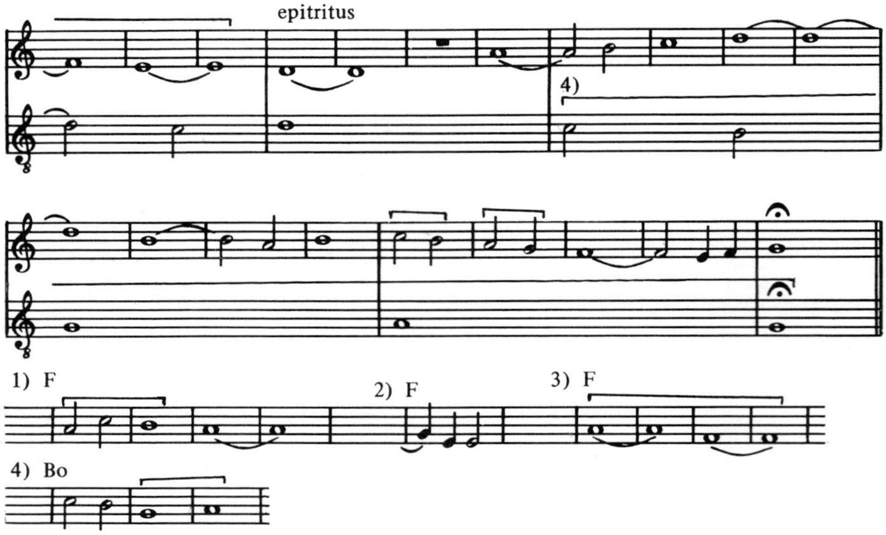

[14]Quod mihi non placet si iuxta commune proverbium quod brevius fit, melius fit. [15]Et quid ineptius est ordine longo litterarum aut syllabarum designare, quod duabus cyphrunculis poterit agnosci?

[16]Sunt et alii et fere omnes qui maximo errore ducti se penitus expertes arithmeticae manifestantes, una tantum cyphra, videlicet, eius numeri qui ad alium refertur omnes quas praticant proportiones signant, ut hic patet:

[14] in ista ratione *pro* iuxta commune G

[15] quod...agnosci *om* Bo

[16] patet *om* Bo ut patet in sequenti proximo exemplo BU sequitur superius *pro* hic patet G *In exemplo*: *lig om D 11 et D 12* Bo

[17]Et hoc nihil magis ab arithmeticis a quibus proportiones accepimus, alienum signo pertinenti numero per se, id est, sine relatione aliqua constituo, numerum ad aliquod, id est, qui relative ad alium comparatur, tantummodo signare.

[18]Praeterea si verbi gratia duabus aut tribus tantum notis aliquibus praeponamus, quoniam et 2 ad 1, 2 ad 3, et 2 ad 4, et 3 ad 2, et 3 ad 4, et 3 ad 5, et sic de aliis possimus referre, cur potius esse duplam quam subsesquialteram, aut subduplam sesquialteram quam subsesquitertiam, aut subsuperbipartientem tertias aut aliam quamvis proportionem ex his numeris practicabilem intelligimus? [19]Propter consuetudinem dicunt qua et apud priscos et apud modernos per unicas has cyphras, scilicet, 2 et 3 dupla et sesquialtera significantur. [20]Quibus respondeo supplendum esse duces caecorum et caecos a claritate veritatis scientiae proportionandi multum errantes, et non optimos artis nostrae praeceptores eorumque perspicassimos imitatores, ex quibus fuit ille Binchois qui sua compositione iocundissima nomen sibi peperit aeternum. [21]Nempe sesquialteram, libro teste regio, in suo "Patrem" autenti triti irregularis ita decentissime signavit:

[22]Alii vero pro signo duplae signum temporis imperfecti minorisque prolationis cum tractulo traducto accelerationem mensurae ut praemissum est, denotante quo cantus vulgariter ad medium dicitur tantummodo ponunt, ut hic patet:

[17] numero *pro* numerum Bo aliquid *pro* aliquod Bo F

[18] tantummodo *pro* tantum G cum *pro* quoniam G (1) et *add* BU et 2 ad 1 *om* Bo F et 3 ad 4, et 3 *add* 2 Bo et 2 ad 5 *pro* et 3 ad 2...4 F possumus Bo G numeris *om* G intelligemus Bo F

[20] iocundissimum Bo in (aeternam) *add* G

[21] sesquialtera G (regio) supple capellae regis Siciliae *add* G irregulares F (signavit) ut hic *add* F (signavit) ut sequitur in exemplo subsequenti *add* G *In exemplo voces* Discantus *et* Tenor *nominantur* F The complete work from which Tinctoris has taken his example is given by Charles van den Borren, *Polyphonia Sacra*, University Park, 1963, p. 70, bars 196-200. None of the sources he uses show the same notational picture as that which Tinctoris gives; the proportional signature, however, is the same in most of them. The Trent 92 version expresses the proportion by coloration.

[22] qui tractulus quotatus *pro* quo cantus G patet *om* Bo Br[1] BU F sequitur in exemplo subsequenti *pro* patet G

[23]Quod, ut de Domarto et Faugues, in *Missis Spiritus almus* et *Vinus* ita signantibus placeam, tolerabile censeo propter quandam aequipollentiam illius proportionis ac istius prolationis. [24]Dum enim aliquid ad medium canitur, duae notae sicut per proportionem duplam uni commensurantur.

[25]Ast quidam signo prolationis maioris et temporis perfecti vel imperfecti sesquialteram signant, ut hic:

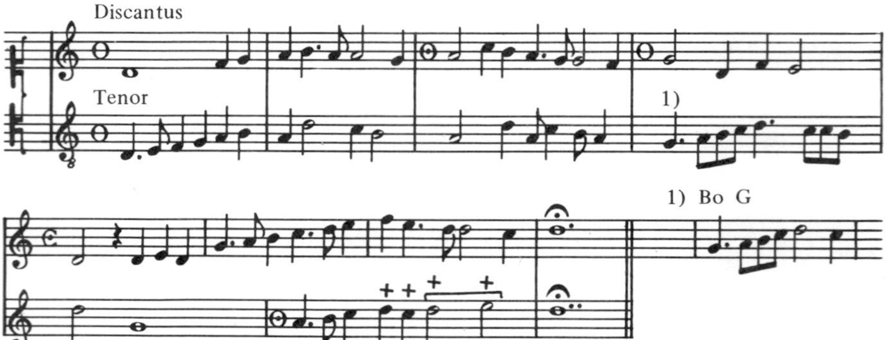

[23] de Domarto et Faugues *om* G ut *pro* Vinus G unius *pro* Vinus V The de Domarto *Missa Spiritus almus* appears on ff. 38^{v}-47^{r} of Rome, Cappella Sistina, Ms. 14, among other sources. The notational use of duple proportion in the manner suggested here by Tinctoris comes in the "Qui tollis", at its beginning on ff. 40^{v}-41^{r}, where the Tenor has the signature O and the other three voices O2. George C. Schuetze, Jr., in his *An Introduction to Faugues* (*Musicological Studies,* 2), Brooklyn, 1960, does not include this mass in his list of works by that composer. He does, however, indicate that there is an anonymous *Missa Vinnus vina* in Cappella Sistina, Ms. 51, ff. 68^{v}-81^{r}; after transcription, he rejected the work on stylistic grounds, saying, "We...have not found any conclusive evidence...that Faugues is its composer"; *Corrigenda*, p. 5. While Schuetze may well be correct, inspection of the incipits for this mass, given by Josephus M. Llorens, *Capellae Sixtinae Codices musicis notis instructi...*(*Studi e Testi*, 202), Città del Vaticano, 1960, p. 489, shows that the beginning of the "Sanctus" agrees with Tinctoris' remarks; the Superius here is written in ϕ, the other three voices in O. Evidence of this kind is certainly too flimsy to be used to refute Schuetze's conclusion, but the question of attribution should remain open. Feininger has published this mass; see the notes to *De arte contrapuncti,* Book III, Chapter VIII-7.

[24] cantatur *pro* canitur F sic *pro* sicut BU

[25] Sicut *pro* Ast Bo sesquialteram *om* Bo ut patet in sequenti Br^{1} ut in sequenti exemplo BU ut patet hic G

[26]Et alii eodem signo temporis imperfecti et prolationis maioris subsesquitertiam, ut hic:

[27]Quod licet faciant Lerouge et Puyllois in *Missis Mon cuer pleure* et in quodam "Et in terra" plagalis autenti triti irregularis tamen est intolerabile. [28]Non enim sesquialtera vel subsesquitertia et haec prolatio aequipollent, quoniam una semibrevis prolationis maioris tres minimas valens non sit uni aut duabus semibrevibus minoris commensuranda, immo semibrevi et minimae, ut patet per Dufay in suo "Et in terra" de *Sancto Anthonio*, sicut hic:

[29]In quoquidem signo, quoniam isti tres famosissimi compositores dissentiant, Dufay potius quam aliis, crede quorum primus omnium proportionantium arrogantissimus, nam Anglorum errore labefactus nullas proportiones sciens omnes praecipit. [30]Secundus autem simpli-

[26] (subsesquitertiam) signant *add* BU sicut hic Bo prout patere in exemplo subsequenti G

[27] Lerouge et Puyllois *om* G et[1] *om* F Missa modo *pro* Missis Mon F Missa Bo autentrici pro autenti triti F The Lerouge *Missa Mon cuer pleure* is lost; see Rudolf Flotzinger's introduction to *DTO*, Band 120, p. xii. I have been unable to trace the Puyllois work.

[28] tantum *pro* enim Bo sesquitertia Bo F cum *pro* quoniam G valens tres minimas G per Dufay *om* G commensurandam Bo sicut hic *om* Bo ut *pro* sicut BU sic *pro* sicut hic F exemplum sequitur hic, verte folium et invenies etc. *pro* sicut hic G The excerpt given here by Tinctoris agrees with that found in *Guglielmi Dufay Opera Omnia* (*CMM*, 1), ed. by Heinrich Besseler, Rome, 1960, Vol. II, pp. 53-54, bars 184-189.

[29] cum *pro* quoniam G

cissimus est. [31]Multi vero per praedictum temporis imperfecti maiorisque prolationis signum taliter reversum Ↄ̇ sesquialteram quod etiam deterius est per impletionem notarum denotabilem, ut Barbingant in suo "Et in terra" autenti prothi mixti, et sesquitertiam per signum temporis imperfecti minorisque prolationis similiter sic reversum Ↄ , ut illi quos nominare vereor signare non erubescerunt. [32]Sed mihi deprecor parcant quoniam haec signa adeo frivola, adeo erronea adeoque ab omni rationis apparentia sunt remota, ut nec exemplo digna crediderim.

[1]*Capitulum III — Quando proportiones signandae sint.*

[2]Quoad secundum, videlicet quando proportiones signandae sint, more maiorum laudanda ratione potitorum statim ex quo proportionem aliquam inaequalitatis edere volueris eam immediate signare teneris. [3]Ad differentiam quidem proportionum aequalitatis quae sine signo tales, ut praemissimus, esse iudicantur. [4]In quo de Domarto pluries in *Missa Spiritus almus* intolerabiliter peccavit, nam in primis partibus "Et in terra", "Patrem" et "Sanctus" supremum et contratenores per relationem ad tenorem ex dupla confectos sine signo ac si aequaliter eos constituisset indiscrete reliquit, ut hic:

[31] Barbingant *om* G (autenti) id est primi toni *add* G erubescunt BU G Tinctoris' remarks here have led Charles Hamm to identify the anonymous Mass found in Rome, San Pietro, B.80, ff. 39^{r}-48^{v}, and Trent, Castello del Buon Consiglio, 89, ff. 306^{v}-315^{r}, as by Barbingeant; see Charles Hamm, "Another Barbingant Mass", in *Essays in Musicology in honor of Dragan Plamenac*, Pittsburgh, 1969, pp. 83-90. The work is not included in *Jacobi Barbireau Opera Omnia* (*CMM*, 7), ed. by Bernhard Meier, Rome, 1954. Meir assumes the identity of Barbireau and Barbingant; Hamm does not.

[32] adeo frivola *om* Bo errore *pro* erronea F sint G crediderim digna F

Capitulum III

[1] Bo 61^{v} Br^{1} 113^{r} BU 185^{r} F 18^{v} G 201^{v} V 164^{v} Capitulum III *om* Bo sint signandae G

[2] Quoniam *pro* Quoad Bo redere V

[3] praemissum est G

[4] de Domarto *om* G Sancto V signo *bis* Bo (hic) patet *add* Bo F patet in exemplo subsequenti *pro* hic G The material quoted here is the beginning of the "Et in terra", and is found in Rome, Cappella Sistina, Ms. 14, ff. 39^{v}-40^{r}.

[5]Quod autem hic dupla sit facillime probatur quoniam duo corpora ad unum velut intuenti patet comparantur. [6]Nec eo quod pars primaria, scilicet tenor per prolationem maiorem, partes vero secundariae, scilicet supremum et contratenores per minorem canuntur per aequivalentiam excusari poterit. [7]Si una maioris prolationis minima non duabus minoris immo soli sit commensuranda, ut per Dufay patet in exemplo capituli praecedentis, quemquidem de Domarto, si in hoc errore Regis, Caron, Boubert, Faugues, Courbet aliique plurimi, ut in eorum operibus vidi, sint imitati, non miror quoniam illos minime litteratos audiverim. [8]Et quis sine litteris veritatem huius non solum sed cuiusvis scientiae liberalis attingere valebit? [9]Sed eis fuisse pares in *Missis De plus en plus* et *L'homme armé* Okeghem et Busnois, quos competenter constat latinitate, praedictos non mediocrem pectori nostro admirationem incutit.

[6] Haec *pro* Nec F scilicet *om* Bo discantus *pro* supremum G

[7] Scilicet *pro* Si F vero *pro* non duabus Bo quaequidem Bo de Domarto *om* G Regis... Courbet *om* G Houbert BU Corbetis Bo imitandi Bo cum *pro* quoniam Bo F G litteratos minime G

[9] Okeghem et Busnois *om* G nostro *om* G The situation referred to here appears in Okeghem's *Missa De plus en plus* at the beginning of the "Patrem"; *Opera Omnia*, ed. by Dragan Plamenac, New York, 1959, p. 63, bars 17-18. The Busnois reference is to the opening Kyrie; Rome, Cappella Sistina, Ms. 14, ff. 106^{v}-107^{r}.

[10]Quid ęnim admirabilius est, quam videntes a via caecitatis ingredi, sed quoniam in tali eorum componendi modo, si ita signaretur $O\,\frac{2}{1}$ prout ars requirit, difficultas pronuntiationis immo totius melodiae destructio propter nimiam velocitatem oriretur melius tenori canon apponeretur, scilicet "Crescit in duplo", vel aequivalens, sicut laudabiliter fecit Dufay in *Missa Se la face ay pale.*

[1]*Capitulum IV — Ubi proportiones signare debeamus.*

[2]Quoad tertium, scilicet, ubi id est qua parte et quo loco proportiones istas signare debeamus, dicendum quod si duae aut tres aut plures sint partes in aliquo opere composito, sive partes secundariae sint unica proportione sive diversis ad primariam, proportionatae secundum ipsius respectum debent signari et sine medio, ut proprius possint prothonotae proportionis signa praeponi, sicut hic:

[3]Est autem primaria pars totius compositi cantus fundamentum relationis quam primo factam ut principalem caeterae respiciunt. [4]Et haec frequentius immo fere semper tenor est, ita quidem dictus quasi caeteras partes sibi subditas tenens. [5]Hoc patet per infinitos cantus, quorum si tenor praetermittatur, caeterae partes ad invicem discordantes difformiter et acerbe nostras aures offendunt.

[6]Interdum vero suprema pars primaria est, scilicet, dum alicui alto cantui simpliciter composito unam aut plures addimus partes, ut hic:

[10] See *Opera Omnia*, III, p. 1, bar 1.

Capitulum IV

[1] Bo 63r Br1 BU 186r F 19r G 202r V 165r *Lin om* Bo

[2] primam *pro* primariam G ut *pro* sicut F ut vides per exemplum *pro* sicut hic G

[4] hoc *pro* haec G est tenor G tenes F

[5] differunt *pro* difformiter G

[6] ut in sequenti patet exemplo BU (hic) patet per exemplum F sequitur hic in exemplo subsequenti *pro* hic G *In exemplo*: *Verba om ubique* F *in Ten et Contra* Bo Pour vous belle Br BU Per vous belle me fault morire G *In Ten 5* ¢ *om* G *In Contra 7/10 nulla lig* Bo *ultima nota longa* Br1 BU G

[7]Vel dum supra supremum cuiusvis cantus compositi aliam partem novam edimus, ut hic patet:

[8]Contratenor autem raro vel numquam primaria pars est. [9]Si tamen super quemvis cantum praecompositum aliquid operari voluerimus primariam efficiemus, ut hic:

[7] (cantus) multipliciter *add* F addimus G patet *om* Bo Br[1] BU F (hic) sequitur in exemplo subsequenti *add* G *In exemplo*: *Verba om ubique* F *in Ten* Bo On this example, see Gustave Reese, *Music in the Renaissance*, New York, 1954, p. 146.

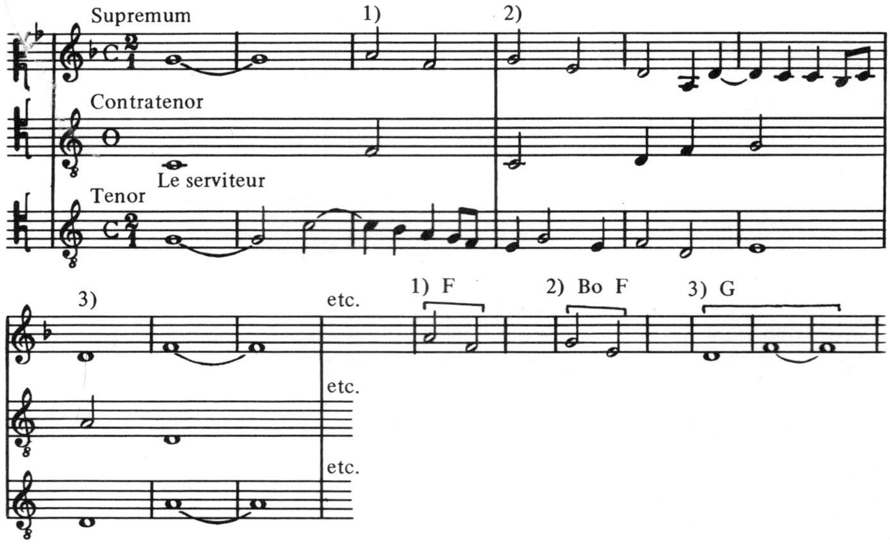

[10]Secundariae partes sunt omnes primariam tamquam relationis fundamentum principaliter respicientes.

[11]Ab his vero tribus pariter articulis Busnois unicus dissidet qui suas emyolias etiam per impletionem notarum designatas suppositione istius cyphrae 3 et iterum signat, ut patet in isto moteto suo *Animadvertere*:

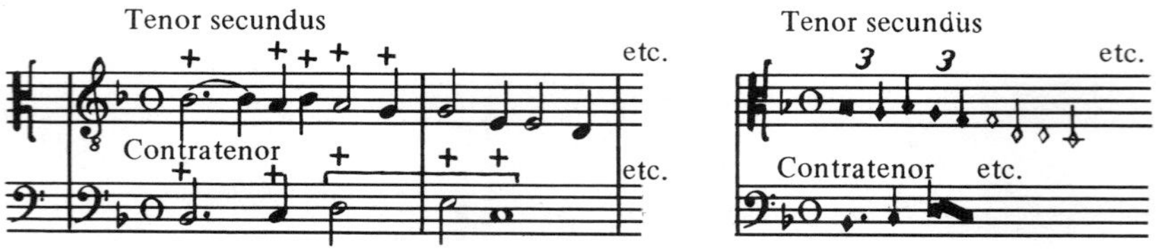

[12]In quo superfluus, quia pro signo sufficit notarum impletio, diminutus, quia licet signo cyphrali indigeret unica cyphra non satisfaceret, et inordinatus, quia quod praeponendum est supponit cunctis esse perhibetur.

[9] cantum *om* Bo primarium Bo primarii F ut hic *om* Bo F (hic) in exemplo subsequenti *add* G

[10] vero (partes) *add* BU

[11] pariter tribus F Busnois *om* G iterum et Bo F et *om* G carmine *pro* moteto Bo Animadvertere *om* Bo (Animadvertere) cuius passus hic *pro* exemplari ponitur *add* G *In exemplo*: O *om in Ten II* F I have not been able to trace this motet.

[12] diminutus *om* G indigerent Bo F V sufficeret *pro* satisfaceret G

[1]*Capitulum V — Considerandum esse in quibus modo, tempore et prolatione proportiones fiant.*

[2]Deinde notandum est quod circa quamlibet proportionem debemus considerare in quo modo, in quo tempore et in qua prolatione fiat. [3]Nam quaedam proportiones binariae sunt, ut dupla, quadrupla, etc., quaedam ternariae, ut tripla, sesquialtera, etc., quaedam utraque, ut sextupla, sesquiquinta, etc., quaedam neutrae, ut sesquiquarta, superbipartiens tertias, etc. [4]Non tamen naturam quantitatum in quibus fiunt immutare possunt. [5]Immo qualiscumque proportio sit sive binaria, sive ternaria, sive utraque, sive netura, semper notae iuxta perfectionem aut imperfectione earum per respectum signi modalis, temporalis et prolationalis, sub quo consistunt computandae sunt, ut patet in sequenti exemplo:

[6]Dupla et sesquialtera in utroque modo perfecto, tempore imperfecto et prolatione minori.

Capitulum V

[1] Bo 65^{v} Br^{1} 114^{r} BU 187^{r} F 19^{v} G 203^{r} V 166^{r} *Lin om* Bo est *pro* esse Br^{1}

[5] sicut ut hic *pro* ut...exemplo Bo ut hic *pro* ut...exemplo Br F G (sunt) in sequentibus patet exemplis BU

[6] (minori) ut patet hic *add* G *In exemplo*: *in D 14 lig et* ♭ *om* Bo *in D 29* ♭ *add* Bo *in T 22 nulla lig* Bo

[7]Dupla sesquialtera, sesquitertia et subsesquialtera in utroque imperfecto, tempore perfecto, prolatione maiori et minori.

[7] De (Dupla) *add* BU (minori) ut patet hic in exemplo subsequenti *add* G

[8]In hoc de Domarto multotiens in *Missa Spiritus almus* defecit, nam dupla sub signo temporis perfecti composita notas per tempus imperfectum computandas admisit, ut hoc sic:

[9]Atque non obstantibus Busnois et Regis in *Missis L'homme armé* et per omnia sequentibus illum excusari non poterit, eo quod in huiusmodi partibus missae modus minor sit perfectus, idque circulus perfectus cum cyphra 2 denotet, quoniam circulus ipse perfectus, ut per opera etiam eorum patet infinita, non signum est modi, immo temporis perfecti. [10]Cyphra vero 2, licet diminute secundum eos duplam designat.

[11]Modus autem minor imperfectus per praepositionem aut interpositionem pausarum tria occupantium spatia rationabiliter signatur, sicut Eloy, quem in modis doctissimum accepi, in *Missa Dixerunt discipuli* fecit. [12]Hinc taliter partes huiusmodi signandae sunt:

[8] de Domarto *om* G computando BU (sic) datur exemplum etc. *add* G *In exemplo*: Supremum *om* F The passage quoted is the opening of the "Qui tollis", Rome, Capella Sistina, Ms. 14, ff. 41^{v}-42^{r}. The lower voice is marked Contratenor in this source.

[9] Busnois et Regis *om* G omita *pro* omnia F etiam *om* G est *om* G The masses cited here have been edited in modern form by L. Feininger in *Monumenta Polyphoniae Liturgicae Sanctae Ecclesiae Romanae*, Serie I, Fasc. 2 and 5, Rome, 1948.

[11] perfectus *pro* imperfectus Bo

[12] *In exemplo*: The specific signature given here by Tinctoris does not appear in the Sistina 14 copy, ff. 56^{v}-65^{r}. The Tenor, however, does have a signature much like this at the beginning of all sections, for the mensuration of both modus maior and modus minor is clearly indicated.

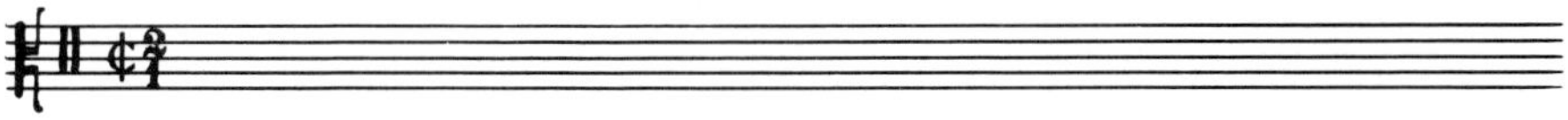

[13]Praeterea plusquam semel idem de Domarto in praedicta *Missa Spiritus almus* circa haec erravit, quoniam notas sesquialterae sub signo prolationis minoris constitutae quasi prolatio maior esset numerari voluit, ut hic:

[14]Et sub eodem signo Cousin in *Missa Nigrarum* per tempus perfectum ipsam etiam proportionem sesquialteram notavit, ut hic:

[15]Itaque consideremus differentiam istorum non parvae auctoritatis compositorum. [16]Sub una et eadem signatione, primus, scilicet de Domarto, semibreves imperfecit et breves perfecit. [17]Alterum errasse necessarium est. [18]Et revera uterque deficit de Domarto in signo prolationis, Cousin in temporis, et ambo in proportionis. [19]Debebat enim de Domarto, quoniam ibi prolatio maior sit taliter signare C· $\frac{3}{2}$, Cousin vero quia tempus perfectum est sic: O $\frac{3}{2}$. [20]Consulo tamen ut cuilibet proportioni si non mediate quantitas sibi similior immediate praesignetur, ut puta binariae modus imperfectus, tempus imperfectum et prolatio minor, ternariae modus perfectus, tempus perfectum et prolatio maior, utrique vero et neutrae indifferenter.

[13] de Domarto *om* G cum *pro* quoniam Bo G sicut *pro* ut Bo (hic) patet *add* F (hic) sequitur in exemplo subsequenti *add* G *In exemplo*: *T 9/11 in lig* Bo The passage referred to by Tinctoris comes at the beginning of the section, "Cum sancto spiritu", Capella Sistina, Ms. 14, ff. 41ᵛ-42ʳ. The voices here are marked as "Tenor primus" and "Tenor secundus".

[14] Cousin *om* G Nisi granum *pro* Nigarum G ipsae G (hic) sequitur *add* G *In exemplo*: This mass has been lost. For a discussion of Cousin's life and works, see Rudolf Flotzinger's introduction to *DTO*, Band 120, pp. viii-x.

[16] de Domarto *om* G Cousin *om* G

[18] de Domarto *om* G (signare) vero *add* G 3 F Cousin *om* G 03 Bo F

[19] Considero *pro* Consulo F imperfectum *pro* perfectum[2] F uterque F neutri BU

[1]*Capitulum VI — Qualiter intelligendum sit aliquas notas ad alias referri.*

[2]Item, quod per quamvis proportionem, aliquae notae sive aequaliter sive inaequaliter ad alias simpliciter referri dicuntur, intelligendum est ut sint eiusdem valoris, puta dum tres semibreves ad duas comparantur, si quaelibet illarum valet duas minimas, quaelibet istarum etiam duas valere debet. [3]Et quamvis notae proportionaliter relatae sint unius quantitatis et notae ad quas referuntur alterius, istae tamen per quandam suppositionem secundum quantitatem illarum erunt computandae. [4]Aliter enim saepe numero falleremur, nempe si verbi gratia cupientes sesquialteraliter 3 ad 2 referri, tres breves temporis imperfecti contra duas perfecti componeremus non sesquialteram immo nec proportionem aliquam inaequalitatis, sed aequalitatis, videlicet 6 ad 6 efficeremus, ut hic:

[5]Nec si e converso tres breves temporis perfecti ad duas imperfecti referantur, sesquialtera conficietur, sed sesquiquarta. [6]Erunt enim 9 ad 4 eiusdem, prout decet valoris, in quo Dufay in suo "Qui cum patre" de *Sancto Anthonio* mirabiliter erravit, nam ibi proportionem ipsam, scilicet duplam sesquiquartam, quoniam tres breves perfectas ad duas imperfectas retulit signo quo ipse ac fere omnes alii sesquialteram licet diminutae signant signare voluit, ut hic:

Capitulum VI

1 Bo 69^{r} Br^{1} 115^{v} BU 189^{r} F 20^{v} G 205^{r} V 167^{v} referre G

2 quamlibet *pro* quamvis F (per) quamlibet *add* Bo est *om* F duo *pro* duas[1] F

4 vero *pro* enim G nam *pro* nempe F (duas) temporis *add* G (perfecti) temporis *add* BU sesquialtera G ut hic patet in exemplo subsequenti *pro* efficeremus ut hic G

5 duo *pro* duas F

6 Dufay *om* G perfectas *om* G duo *pro* duas F tres *pro* duas Bo designare Bo et hoc sic Bo ut hic patet Br^{1} BU enim patet in exemplo sequenti folio verso etc. Verte folium et invenies exemplo sequens G *In exemplo*: *T 14/15 om* Bo Br^{1} G V The passage quoted is bars 204-210 of the "Credo" and appears in modern reprint in *Guglielmi Dufay Opera Omnia*, Vol. II, p. 60. Besseler's source is Trent 90, the only extant manuscript containing the work. While the agreement of the voices is the same, the notation of Trent 90 is in half the values given by Tinctoris. Besseler's transcription obscures the original here, making it hard to reconstruct the notation as it appears in the source.

[7]Quodquidem ita signasse debuit ○ $\frac{9}{4}$, nam non sesquialtera immo, ut praemissimus, de seque patet, dupla sesquiquarta est.

[1]*Capitulum VII — De numero et eius partibus quantum ad intelligendas proportiones necessarium est.*

[2]Finaliter eo quod necessarium sit cupienti proportiones intelligere aliqua de numero scire pauca quae ad hoc necessaria mihi visa sunt ostendere proposui, et ab ipsius numeri diffinitione proficisci.

[3]Unde numerus est multitudo ex unitatibus constituta, ut 2, 3, 4, 5, 6, 7, 8, 9, 10, etc. [4]Neque unum proprie numerus est, sed materia numeri et elementum arithmeticae, sicut unisonus musicae, punctus geometriae et instans astrologiae.

[5]Omnis vero numerus aut est par aut impar. [6]Numerus par est ille qui in duas partes aequales dividi potest, ut 2, 4, 6, 8, etc. [7]Numerus impar est ille qui in duas partes aequales dividi non potest, ut 3, 5, 7, 9, etc.

[8]Praeterea omnis numerus quomodo sit quoddam totum ex diversis partibus est compositus. [4]Quaequidem partes aut sunt aliquotae aut aliquantae. [10]Pars aliquota numeri est illa quae pluries sumpta reddit suum totum praecise, ut 1 est aliquota pars 4, quoniam 1 quater sumptum praecise 4 reddit. [11]Pars aliquanta numeri est illa quae

[7] Hoc *pro* Quodquidem G O *om* Bo

Capitulum VII

[1] Br[1] 116[r] BU 189[v] G 205[v] V 168[r] Capitulum *om* Bo F (partibus) videlicet *add* G

[6] 3 *om* G

[7] (potest) absque fractione *add* G 3 *om* G

[8] cum *pro* quomodo Br[1] BU G

[11] (aliquanta[2]) de *add* G quoniam *om* BU ter tres G

pluries sumpta suum totum excedit aut ad illum non pervenit, ut 3 sunt pars aliquanta 8, quoniam si tres ter sumantur, 9 reddunt et sic 8 excedunt; si vero bis tantum 6, et sic ad 8 non perveniunt.

[12]Praeterea omnis numerus ternarius, id est, qui per tria numeratur, secundum musicos est perfectus, ut 3, 6, 9, 12, etc. [13]Cuius ratio est eo quod ad quantitates perfectas, scilicet, modum utrumque perfectum, tempus perfectum et prolationem maiorem pertineat.

[14]Et omnis numerus binarius, id est, qui per duo numerantur, est imperfectus, ut 2, 4, 6, 8, 10, 12, etc. [15]Cuius ratio est eo quod ad quantitates imperfectas, scilicet modum utrumque imperfectum, tempus imperfectum et prolationem minorem pertineat.

[16]Et quoniam 6, 12 et similes numeri sunt ternarii et binarii, quia per 3 et per 2 numerantur, possunt diversis respectibus esse perfecti et imperfecti, perfecti quidem sub quantitatibus perfectis et imperfecti sub imperfectis.

[17]Praeterea omnis numerus aut est per se aut ad aliquid. [18]Numerus per se est ille qui sine aliqua relatione constituitur, ut 1, 2, 3, 4, 5. [19]Numerus ad aliquid est ille qui relative ad alium comparatur, ut 2 ad 2, 3 ad 2, 3 ad 3, 3 ad 4, etc.

[20]Horum autem numerorum qui sunt ad aliquid, alii sunt aequales, alii inaequales. [21]Numeri aequales sunt illi qui per aequalitatem quantitatis ad invicem comparantur, ut 2 ad 2, 3 ad 3, etc. [22]Numeri inaequales sunt illi qui per inaequalitatem quantitatis ad invicem comparantur, ut 2 ad 3, 3 ad 2, 3 ad 4, 4 ad 3, etc.

[23]Hinc istorum inaequalium numerorum alius est maior, alius minor. [24]Numerus maior est ille qui numerum ad quem refertur excedit, ut si 3 ad 2 referantur illa in uno excedunt ista. [25]Numerus minor est ille qui a numero ad quem est relatus exceditur, ut si 2 ad 3 sint relata ab istis in uno exceduntur illa. [26]Et ex huiusmodi numeris, scilicet qui sunt ad aliquid, omnis, ut patet superius, proportio elicitur.

[12] numerantur G
[14] 8, 10, 12 *om* G
[15] perfectum *pro* imperfectum² G   maiorem *pro* minorem G
[16] diversis respectibus possunt G   quantitatibus (imperfectus) *add* G
[18] (5) etc. *add* BU G
[19] 3 ad 2 *om* G   3²...etc. *om* Br¹   etc. *om* G
[20] *Lin om* G
[21] *Lin om* G   etc. *om* BU
[26] (huiusmodi) enim *add* G   quae *pro* qui G

[1]*Capitulum VIII — Huius operis conclusio.*

[2]Haec equidem, clementissime rex, de proportionibus musicis specialiter et generaliter, licet eas non summis rhethoricae coloribus tinxerit praeter causas in prohemio positas, tuus Tinctoris tractavit, ut et Dei gratiam precibus eorum, si qui per ea proficiant et tuum favorem assequi mereatur. [3]Quo et in praesenti et in futuro saeculo bene beateque vivere possit.

Capitulum VIII

[1] Bo 70^{v} Br^{1} 116^{v} BU 190^{v} F 21^{r} G 206^{r} V 168^{v} Capitulum VIII *om* Bo BU Capitulum VII F Operis conclusio BU G

[2] quidem *pro* equidem Br^{1} G musices G propter *pro* praeter G

[3] (possit) Vale. Dixi. Amen. Bo Amen. Finis. BU Explicit Proportionale musices F Amen. Explicitus est liber scriptus Gandavi per me Anthonium de aggere sancti Martini, Anno domini m.d.iiii prima die Aprilis G